AF440303

LA
VICTOIRE
DE
CRONSTADT

PAR

J. D.

VENTE CHEZ TOUS LES LIBRAIRES

LA
VICTOIRE DE CRONSTADT

LA
VICTOIRE
DE
CRONSTADT

PAR

J. D.

———o✠o———

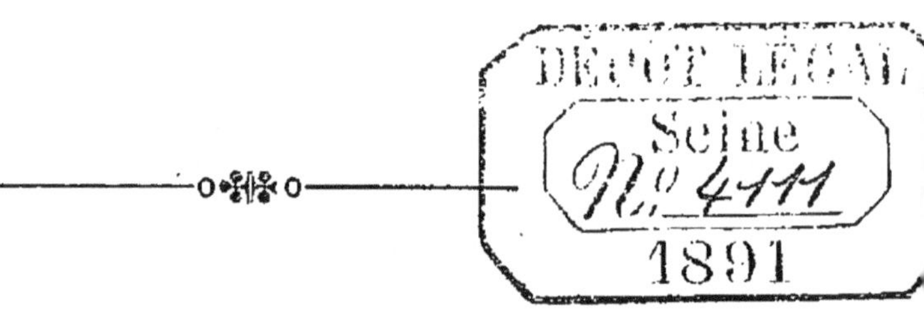

EN VENTE CHEZ TOUS LES LIBRAIRES

LA
VICTOIRE DE CRONSTADT

Il n'est pas, heureusement, que des victoires sanglantes !

La France, si douloureusement éprouvée, il y a vingt ans, n'a cessé, depuis cette époque, de travailler à son relèvement, et ses flancs saignaient encore, que, d'un geste superbe, sûre de sa vitalité et de son énergie, elle jetait au vainqueur surpris l'or d'une rançon qu'elle aurait pu payer, eût-elle été dix fois supérieure !

Cette première victoire, car c'en était une et des plus brillantes, donnait déjà la mesure de ce que l'on pouvait attendre des trésors de tra-

vail, d'énergie et de richesse de la grande bles-
sée, que beaucoup espéraient abattue pour longtemps, alors que les trop rares partisans du
droit et de la liberté sentaient déjà confusément
que cette grande lumière qui avait si longtemps
éclairé le monde reprendrait bientôt son éclat.

Et, de fait, notre pays reprenant des forces,
cicatrisant celles de ses blessures qui pouvaient
être fermées, relevant ses ruines, revenant à la
vie, reconstituant sa puissance militaire, reprenant, peu à peu, sa place dans le monde et con-
viant, dès 1878, les nations étonnées à venir se
rendre compte de son relèvement matériel, les a
éblouies, en 1889, par l'éclat triomphal d'une
Exposition sans pareille, les obligeant ainsi à
reconnaître sa supériorité reconquise dans toutes
les branches de l'art et de l'industrie.

Cette Exposition de 1889 a été pour la France une seconde victoire pacifique, dont la gloire revient, sans contestation, au pays tout entier, représenté par ses savants, par ses industriels, par ses artistes et par ses ouvriers de tous genres, dont l'effort ininterrompu et toujours grandissant a su lui rendre cette suprématie qu'on se flattait de lui avoir enlevée pour toujours.

Malgré cette sorte de résurrection, la France restait isolée en Europe, ayant en face d'elle une coalition formidablement armée, et qui, sous prétexte de maintenir la paix, visait à imposer sa volonté aux autres nations.

C'est en vain que, par son attitude digne et réservée, la France montrait qu'elle ne désirait, sincèrement, qu'à vivre en bonne intelligence avec tous ses voisins.

C'est en vain que ses hommes d'Etat et ses diplomates ne cessaient d'affirmer que toute politique aggressive était bannie de son esprit.

Les puissances intéressées à faire planer sur notre pays le soupçon de ne songer qu'à une guerre de revanche, affectaient de ne pas tenir pour sincères nos déclarations réitérées, espérant nous maintenir longtemps encore dans un isolement favorable à leurs secrètes vues.

D'autre part, les nations qui ne faisaient pas partie de la triple alliance et qu'un sentiment de sympathie, en même temps que d'intérêt bien compris, aurait pu pousser à rechercher notre amitié et à se ranger à nos côtés pour faire contrepoids à la coalition des puissances centrales, se tenaient sur la réserve, n'osant pas se lier, même par une simple démonstration sympathique, avec une nation dont la politique extérieure pouvait, à la suite d'un brusque changement dans son régime intérieur, subir des variations considérables.

Pour permettre à nos amis de manifester, d'une façon éclatante, leurs sentiments à notre égard, il fallait que la République remportât encore une nouvelle victoire, celle-ci sur ses ennemis intérieurs, et que, sûre du lendemain, elle pût offrir des garanties de stabilité indispensables à toute négociation.

Cette troisième victoire, la République l'a remportée d'une façon d'autant plus éclatante qu'on avait pu craindre un instant pour elle une défaite dont les conséquences eussent été déplorables à tous les points de vue.

L'honneur de ce succès définitif revient au pays républicain qui a su se ressaisir et, en consolidant fortement le régime actuel, a fourni à notre diplomatie la base qui, jusqu'alors, paraissait lui faire défaut, pour mener la campagne qui vient d'aboutir à la réception triomphale, à Cronstadt, de la flotte française.

Mais, si la sagesse et le bon sens du peuple français ont fini par triompher de méfiances injustifiées, la gloire d'avoir fait éclater ce résultat aux yeux de l'univers attentif revient directement à l'habile homme d'Etat qui dirige notre politique extérieure, à M. Ribot.

Lorsqu'une armée remporte une victoire, c'est

au général dont les savantes manœuvres ont permis à la vaillance de ses troupes de battre l'ennemi que revient, à juste titre, la plus grande part du succès. De même, dans la victoire que vient de remporter la diplomatie française, c'est à celui qui a su si bien la diriger que doit être adressée la reconnaissance de la nation.

Ce triomphe éclatant qui remplit de joie toutes les âmes françaises est la plus énergique réponse à ceux qui, dernièrement encore, accusaient d'insuffisance l'habile politique qui, dédaigneux des attaques intéressées, préparait au pays un si beau succès.

Désormais, grâce à l'habileté de M. Ribot, la République, tranquille à l'intérieur, assurée d'avoir une puissante amie déclarée, peut poursuivre le cours de ses glorieuses destinées.

L'affirmation officielle des sympathies de la Russie pour la République française est le couronnement de la politique sage et prudente qui a abouti à notre réhabilitation diplomatique. Le résultat immédiat de cette démonstration est le courant de sympathie qui se manifeste déjà vis-à-vis de nous chez les peuples non inféodés à la triple alliance, et qui n'attendaient que le moment opportun pour faire éclater leurs sentiments.

La puissante Angleterre, elle-même, avec cet esprit pratique qui fait le fond de tous ses actes, montre, par l'empressement qu'elle a mis à inviter notre flotte à s'arrêter dans un de ses ports, qu'elle a compris l'importance du nouveau facteur introduit dans la politique européenne par l'éclat donné par le Czar à la réception de notre flotte à Cronstadt.

Et ce n'est là que la première conséquence tangible de cette réception désormais historique. Au fur et à mesure que les événements se dérouleront, nous verrons, certainement, s'affirmer de plus en plus les résultats de notre succès diplomatique dans toutes les questions de politique européenne.

Si l'on considère, d'autre part, les causes de la victoire que vient de remporter notre ministre des affaires étrangères, on doit reconnaître que la personnalité de M. Ribot, ses tendances modérées bien connues, et dont il a donné des preuves multiples, ses actes comme homme politique, ne pouvaient que peser d'un poids considérable dans l'appréciation faite par le Czar des garanties qu'offrait le gouvernement républicain, et ce ne sera pas une des moindres causes de la reconnaissance que la France doit à M. Ribot qu'il ait pu, comme le représentant le plus ferme d'une politique intérieure de modération, de progrès et d'apaisement, offrir, par le seul fait de sa présence à la tête de notre diplomatie, des garanties telles que les préventions jusqu'alors existant contre le régime républicain aient été abandonnées.

Le pays ne l'oubliera pas et, dès aujourd'hui, il sait qu'il a contracté vis-à-vis de M. Ribot une dette de reconnaissance pour avoir, enfin, donné une légitime satisfaction à ses espérances patriotiques, et pour lui avoir fait remporter la victoire de Cronstadt.

Paris. — Imp. des ARTS ET MANUFACTURES et DUBUISSON,
12, rue Paul-Lelong. — Barnagaud imp. — 3303.

Paris. — Imp. des ARTS ET MANUFACTURES et DUBUISSON,
12, rue Paul-Lelong. — Barnagaud imp. — 3303.

www.ingramcontent.com/pod-product-compliance
Lightning Source LLC
Chambersburg PA
CBHW061457050726
47593CB00004B/1659